하루
하루는 믿고
　　　 의심하는

한혜영 신앙고백시집

상상인 기획특집

살아있어도

살아있는 생명이 아니었던

당신과 내가

예수 부활로 살아났습니다

• 본문 페이지에서 한 연이 첫 번째 행에서 시작될 때에는 〈 표기를 합니다.
• 저자의 의도에 따라 작품의 보조 동사와 합성 명사는 띄어쓰기가 달라질 수 있습니다.

작가의 말

하나님께 길을 묻지 않는 죄가
얼마나 큰지 모르고 여기까지 왔습니다
인간의 생각이라는 것이
고작 메뚜기와 같은 줄도 모르고, 멋대로……

2025년 10월
한혜영

차례

1부 교회당 종소리를 달아오른 양철지붕 위에서

삶의 리셋·17 양철지붕 위의 욕망·18 시간의 지성소·20
두 가지 시간·22 기도·24 성령에 감사하며·26
날은 빠르게 저무는데·28 주님의 초청장·30 거룩한 소수·32
온전히 내 편이신 하나님·34 근원의 샘을 찾아·36
무게를 감당하라·38 최악의 선택 ·40 기도의 힘·42
찬양을 위한 노래·43

2부 하늘나라 영광에 당도하기 위한 네 개의 수레바퀴

마음의 정화조·49 종말과 시작·50 어디로 가는 배인가·52
입장 바꿔 보기 1·54 입장 바꿔 보기 2·56 고집불통의 단봉낙타·58
경계인의 고백·60 생각에 대한 생각·62 말씀의 은혜·64
비운다는 것·66 복을 구하는 자들·68 염치없는 기도·70
이런 아이러니·72 운전대를 성령님께 ·74 하나님의 하사품·76

3부 가시덤불 속을 드나드는 조그만 새

존재만으로·81 가시나무 세상을 사는 법·82 휘장은 찢어지고·84
필수 안경·86 생애 최고의 순간·88 오만과 편견을 견딜 때의 기도문·90
말씀은 흘러야·92 이따금 하는 질문·94 무심보다 의심·96
혈과 육을 넘어서 가자·98 귀환의 시간·100 민들레씨·101
천국을 넘보는 사람들·102 마음의 나침반·104
생명이 온다는 것·105

4부 좁디좁은 무덤 속에서 무한한 자유를

할 말 없음·109 안개 주의보·110 말씀도 기도도 없는 세월·112
사람을 낚는 어부·114 나는 무지한 자·116 시름에 빠진 어부·117
마라토너가 되어·118 혼돈의 21세기·120 꽃밭과 전도·122
마지막 기차·124 나는 이제야 뒤를 보네·126 하비하고 탐진하고·128
심각한 질문·130 마음의 땅·131 무덤에서의 고백·132

작가의 해설 _ 이제야 찾아온 카이로스 시간·135
한혜영

1부

교회당 종소리를 달아오른 양철지붕 위에서

삶의 리셋

예수께서
십자가에서
숨을 거두는 순간

세상 시계는
리셋되었습니다

예수의
목숨 값으로 받은
그 소중한 시계를
심장에 간직하고도
형편없는
삶을 기록했던

나는
이제

하나님의 시간으로
리셋할 것입니다

양철지붕 위의 욕망

교회당 종소리를
달아오른 양철지붕 위에서 듣습니다

내려오라는 사람도 없고
내려갈 생각도 없이,
뜨거워진 발바닥을
교대로 들어 올리며
까딱 잘못 디디면
실족할 곳에 아슬아슬 머물고 있습니다

높은 곳에 대한 욕망 때문에
달아오른 양철지붕 위로 올라가
발바닥 데여 본 자는 알 테지요
신경 전부가
발바닥으로 몰려가서
먼 곳은커녕 예배당 꼭대기
십자가조차 올려다볼 여유가 없다는 것,

그런데도 나는

어쩌자고 높은 곳을 포기 못하고
모순의 시간을 버티는 것일까요

불화살처럼 내리꽂히는
땡볕을 온몸으로 받으면서

시간의 지성소

한 생명이
태어나는 순간 의사는 시계를 본다
그때부터 카운트다운에
들어간 인생은 시간에 쫓기는 거다

시간에 쫓겨 학교에 가고
시간에 쫓겨 출근을 하고
6일 동안의 일을 모두 데리고
제7일로 들어가는 사람에게
안식일이 거룩하기란 쉽지 않다

나를 구속하고 있는
시간부터 구원해야 구원받을 수 있는 사람들

안식일은
'시간의 지성소'가 되어야 한다

음지에서 헤맸던 시간을
낱낱이 꺼내어 빌고,

하나님께서 우리에게 선물로
주셨던 안식의 시간을 되찾아야겠다

두 가지 시간

하나님을 알지 못했을 때
내 시간은 크로노스여서
대부분을 시냇물처럼 흘려보냈다

어디에 닿을지 모르는 생각과
의미 없는 나날을
종이배처럼 띄워 보냈다

하늘의 시간과 땅의 시간이
만나는 접점이 십자가라면
하나님의 시간과 나의 시간이
만나는 순간은 구원의 시점이다

그런데도 카이로스 시계를
차지 않으려 온갖 핑계를 댔다
스포츠 시간처럼 통제 받는
생각과 행동의 제약을 숨막혀 하며
자유가 아닌 방종을 즐겼다
〈

내 시간은 타락한 천사였다
더러워진 날개로
지옥 같은 세상 구석구석을
넘나들며 킬킬거린 거다

하나님의 시간을
제대로 살지도 못했는데
해는 어느새 서쪽 하늘에 걸렸다

내 시계는 언제부터 고장이 난 걸까
멈춘 줄도 모르고 살았던
시계의 태엽을 감고
심장 박동 소리에 초침을 맞춰야 하리

기도

새가
숲에서 노래를 부릅니다
새가
보이지 않는다고
새가
없다고 할 수 없는 것처럼
마음이 보이지 않는다고
여호와께서
나의 기도를 모르시지 않습니다

아무리 우거진 숲이라도
소리 하나로
존재를 알리는 새처럼
아무리 넓은 우주라도
기도 하나로
나의 존재를 알릴 수 있습니다

내가 아름다운
새소리에 귀를 기울이듯이

여호와께서도
기도하는 소리가
참으로 아름답구나 하시며
내 마음에
귀를 기울여 주실 것입니다

성령에 감사하며

보이지 않아도 나뭇가지를
흔드는 것이 바람인 줄 아는 것처럼
무시로
나를 찾아오는 것이 아버지임을 압니다

메마른 땅에 스며드는 빗물처럼
소리 없어도 아버지 오신 것을 압니다
고드름 녹아내린 지붕 아래
올라오는 수선화를 보며
봄이 왔음을 아는 것처럼,
힘든 일이 해결되면 아버지를 생각합니다

길을 잃고 헤맬 때에 천사를 보냈음도,
교만하고 오만할 때에는
아무도 모르게 꾸짖어
얼굴 붉어지게 하셨음도 압니다

눈물 흐를 때는 닦아주시고
등 두드려

위로의 말씀을 주심도 잊지 않습니다

천애 고아인 줄만 알았던 내게
어떤 날은 양산이 되어 주시고
어떤 날에는 우산이셨던 아버지

나는
최고의 스펙을 가진 당신의 딸입니다

날은 빠르게 저무는데

키는 작아도
사모의 마음이 큰
삭개오는
뽕나무에라도 매달렸지만,
마음이 자라다 만
나는 언제나
예수님을 만날 수 있을까

준비성 많은
삭개오처럼
예수님이 지나는 길목을
미리 알아내지도 못하고
재산의 절반을
뚝 떼어서
가난한 자에게 주겠다는
약속도 못하는

나는
십자가를 목에 걸고도

십자가에 매달린
예수를
보지 못하고 어리석게 묻는다

오늘도
오늘의 보혈로 붉어지던 하늘은
빠르게 저무는데

주님의 초청장

태어나는 순간부터
나는
죽음의 행진곡에
발맞추며 묘지로 갔나이다

죽음의 병을 앓으면서도
내일이라는 베개를 베고
헛된 꿈을 꾸었나이다

골라 입어도 죄수복이요
골라 마셔도
독배에 불과한 것을
입고,
마시며 흥청거렸나이다

죽음의 대열에서
빠져나오지 못하던 나를
사면복권해 주신 하나님
〈

천국 잔치에 불러주신
주님의 초청장을
마음 상자 깊은 곳에
귀히 보관하겠나이다

거룩한 소수

수치를 가릴 이파리 한 장
지니지 못한 겨울 나목들,
머리부터 발끝까지 하얗게
눈을 덮어쓴 나무에게서
'남은 자'들의 형상을 봅니다
바알에게 꿇지 않은 무릎
바알에게 맞추지 아니한 입술을
굳게 다물고 묵묵하게 걸어가는
그들의 길에는
눈보라와 모진 삭풍이 휘몰아칠 것입니다
바싹 마른 나뭇가지가
툭툭! 부러져 나가고
살갗이 벗겨지는 쓰라린 고통에도
봄을 향해 나아가는 나무들처럼
남은 자들의 발걸음은 멈추지 않을 것입니다
그러다 베임을 당하면 그 자리엔
순교의 흔적으로
파란 새순이 불꽃처럼 일렁일 테지요
나무와 나무가 모여

숲을 이루는 것처럼
믿는 사람은 믿는 사람과 어울려
어린양을 따르는 것입니다
이끄는 곳이
아무리 멀고 험한 골짜기라 해도
어린양의 울음소리를 놓치지 말고 따라야 합니다
남은 자들이 소망하던 천국이
거기 있기에

온전히 내 편이신 하나님

태어날 때의
나는 다만 한 덩이 흙에 불과했습니다
그러한 나에게 성령을 보내시어
호흡을 얻게 하시고
새로운 생명으로 가슴 뛰게 하신 것은 하나님입니다

태어나 죄 짓는 일이 전부였던
나를 위하여
독생자 아들 예수까지도 내어주셨지요
고통스러운 그의 죽음과 부활을 통해
나를 구원하셨다는
대단한 희생의 역사와 계획을 알아버렸으니
십자가 앞에서 저절로 무릎이 꺾일 수밖에요

언제 어디서나
온전히 내 편이신 하나님
"여호와께서 모든 해악에서
너를 지켜 주시며
네 영혼을 지켜 주시리라"

하셨으니
하나님이야말로 지금의 인생은 물론
미래까지
통째로 맡겨야 할 든든한 호위무사입니다

* 시편 121:7

근원의 샘을 찾아

믿음이 약한 나는
사막에서
길을 잃어버리고 헤매는
조난자이고 싶다

태양이 붉은 쇳물을
뚝뚝 흘리며
끈질기게 따라오고
머리를 노리는 독수리가
사뭇 위협적인,

모래바람에 눈뜨기조차 쉽지 않은
사막을
몇 날 며칠이고 헤매도 좋겠다

목마른 자가 있는 곳이면
어디든지 흘러간다는
하나님의 생명수를 만날 수만 있다면
더욱

타는 갈증이어도 상관없겠다

영원히 마르지 않는
구원의 샘 앞에
털썩, 무너져
무릎 꺾을 수만 있다면……

무게를 감당하라

나는 어떤 못인가

나한테
나를 걸 수가 있나

남은 생을
모두 맡겨도 좋을 만큼
믿을 만하기는 한가

욕심의 무게 때문에
진즉 흔들렸을 텐데

세월의 무게 때문에
진즉 녹을 먹었을 텐데

감당할 수 있을 만큼만
걸지 못하고
무슨 욕심을 자꾸만 걸치나
〈

헛된 욕망의 무게 때문에
천 길 절망 아래로
내가
추락하는 일은 없어야 하리

최악의 선택

창세기
서늘한 바람이 불던 날,
나는
아담과 하와와 함께 에덴동산에서 쫓겨났습니다
그렇듯 보암직하고 먹음직하던
과실이 넘쳐나는 천국을 허망하게 잃은 거지요
그런데도 나는 여전히
사탄의 말에 솔깃해지는 귀를 갖고 있습니다
선악과를 향해
손을 뻗는 습관도 마찬가지고요
마지막까지 선택적인 것이 인생이지요
해서 좋은 것과
하면 안 되는 것 사이에서
나는 번번이 유혹에 지는 패배자입니다
에덴동산에서부터 따라 온 뱀이
끈질기게 발꿈치를 노리는데도
하나님 음성을 따라가다가
까딱하면
사단이 세운 이정표 앞에서 길을 잃습니다

〈
사악한 데다 게으르기까지 한
나는 다가서기만 하면
자동으로 열리는 마켓의 문처럼
천국의 문도 자동으로 활짝
열리면 좋겠다는 생각을 염치없이 해봅니다
참되지 못한 기도와
예배를 드리기 일쑤면서,
내 마음 중심에서 풍성해야 할
하나님의 생명나무가
죽어가는 줄도 모르고
덩달아 내가 죽어가는 줄도 모르고 말이지요

기도의 힘

아주 어렸을 적
마을 사람들의
기도로 호흡 되살려
살아난 나는
그들을 위한
기도조차 할 줄 모른 채
어른이 되었습니다

넘어질 때마다
누군가의 기도를
지팡이 삼아
여기까지 왔으면서
혼자 무사하게
나이 먹은 줄 알았으니
참으로
염치가 없습니다

찬양을 위한 노래

나는 불평에 익숙한 혀를 갖고 있습니다

조그만 손해를 큰 손해라 말하면서
조그만 통증도 커다란 고통이라 여기면서
불만을 불꽃처럼 토하는 입을 갖고 있습니다
불이 붙기만을 기다리는 시한폭탄처럼
마음의 골똘한 심지를
다스리지 못하고 자폭하는 날이 많습니다

물과 물속의 모든 것과
대지와
보이지 않는 지하의 모든 것과
궁창과
보이지 않는 하늘 뒤편은 물론
해와 달과 무수한 별과
바다와 강과 막막한 사막은
내가 태어나기 전부터
있던 거라며 익숙해했을 따름입니다
〈

아주 작은 것에서
우주를 만드신 하나님을 만나지 못하고
청맹과니처럼 세월을 더듬어 왔습니다
하찮은 벌레의 꿈틀거림도
끊어질 듯 가느다란 개미허리도
꺾일 듯이 휘청거리는
갈대의 노래가 모두 찬양인 것을
무심한 듯이 툭툭 던지는 도토리 열매,
소금쟁이의 가느다란 발목조차도
찬양의 도구라는 것을 깨닫지 못하고,

일곱 배나 뜨거운 불구덩이 속으로 던져졌던
사드락과 메삭과 아벳느고처럼
온몸으로 하나님을
찬양하던 그들의 믿음을 믿게 하소서
길 없는 길에서
서성거리는 불안한 미래,
잿더미를 밟고도 좌절하지 않게 하소서
〈

천사도 부를 수 없는 노래를
태생부터 죄인이었던 내가 부를 적에
하나님 홀로 기꺼이 기쁨으로 받으소서

2부

하늘나라 영광에 당도하기 위한 네 개의 수레바퀴

마음의 정화조

미움이나
화는
분뇨 같아서
고스란히
마음 안에 고입니다
그런 채
걸어 다니면
정화조가
걸어 다니는 것이며
지나간
자리마다
악취가 풍깁니다

종말과 시작

십자가의 예수께서
숨 거두시던,
지성소 휘장이 찢어지던
그날 시각에
당신도 죽고 나도 죽었습니다

세상의
해와
달과
별들이 모두 죽었습니다

강과
바다가 넘쳐났으며
산맥이 무너져 내렸고
암석이 굴러 내렸지요

죄에
익사 중이거나
죄에

압사당해서 죽을 수밖에 없는,

살아있어도
살아있는 생명이 아니었던
당신과 내가

예수 부활로 살아났습니다

어디로 가는 배인가

나는 홀로 노를 저어 온 항해자
어디에나 길은 있지만
어디에도 길이 없는 바다,
나침반도 없이 여기까지 왔습니다

수많은 항구를 거치는 동안
적재나 더 했을 뿐
비울 줄이라고는 몰랐지요
세상 인연을
등대라고 믿으며 쫓다가
역풍과 암초를 만나 표류도 했습니다

이제는 낡은 내 인생의 배도
기우뚱, 위태로움을 느낍니다
이럴 때는
하나님호만큼 안전한 곳도 없는 것을
산적한 화물 중에
어느 것도 버릴 수가 없어
나는 욕망과 함께 침몰하는 중입니다

〈
나는
나로부터 구원되기를 간절히 소망합니다

비록 수평선 너머가 보이지 않을지라도
목적지가 그곳에 있음을 굳게 믿고
하나님 말씀을 세상에 있는
단 하나의 등댓불로 여기며 따르고 싶습니다

입장 바꿔 보기 1

마태복음 26장을 읽다가
베드로와 입장을 바꿔 봅니다

어쩌자고 선생께서는
대제사장과 온갖 무리의
조롱과 멸시를 견디기만 하는 건지
답답한 심정으로 지켜보면서
선생께서 행하신 수많은 이적을 떠올립니다
이대로 끝날 리야 있겠느냐며
선생께서 무언가 보여주기만 한다면
이따위 상황쯤이야
연극처럼 막을 내릴 거라 믿습니다

그런 와중에 어떤 여자가 나를 알아보네요
붉어진 얼굴로 고개를 젓고
뒷걸음질을 쳐보지만 나는 결국
선생과의 인연을 세 번이나 부정합니다
이것으로 선생의 예언이 완벽해지네요
마침표를 찍듯이

새벽닭이 목청까지 길게 뽑았으니까요

문득 나로 돌아온
나 역시
베드로처럼 통곡이라도 하고 싶습니다
모든 인류의 스승인
예수를 배반한 대역 죄인이 나라는 거
십자가를 우러를 때마다
베드로처럼 거꾸로 매달려 죽어 있는
나를 보고 싶다는 마음이
간절해지는 것입니다

입장 바꿔 보기 2

십자가를 지고
채찍을 맞으며
골고다 언덕을 내가 오릅니다

예수의 잔이었던
쓸개 탄
포도주를 내가 마십니다

손과 발 깊숙이 박힌
못으로 십자가를 견디던
예수의 고통을
내 것으로 만듭니다

예수의 면류관을
머리에 얹고
"엘리 엘리 라마 사박다니!"
대신 절규해 봅니다

너무나도 인간적이었던

예수의 고통에 나는
고꾸라져 십자가를 우러릅니다

향유는커녕
눈물 한 방울 바치지 못한
내가 비로소
촛농 같은 눈물을 주께 바칩니다

고집불통의 단봉낙타

낙타는 횡단해야 할
사막의 고단함을 알면서도
공손하게
무릎 꿇어 등짐을 받습니다

짐을 부릴 때에는
무거운 고통으로부터 놓이게 됨을
감사하며 한층 무릎을 낮추지요

믿는 자들도 낙타라야 맞습니다
"사랑과 희락과 화평과 오래 참음과
자비와 양선과 온유와 절제"의
멍에를 메고
멀고도 험한
인생 사막을 건너야 하니까요

가벼워지려면 무릎을 낮춰
등짐을 내려야 하거늘
교만과 어리석음과

걱정과 번민의 보따리를
바리바리 싣고서 비틀거리는
나를, 나는
안타깝게 바라보고 있습니다

주인이신
하나님의 말씀을 좀처럼 듣지 않는
이제는 늙어 듬성듬성
털 빠지고 등도 굽은
고집불통의 단봉낙타 한 마리가
거울 앞에 우두커니 있습니다

* 갈라디아서 5:22-23

경계인의 고백

나는 언제든
달아날 틈을 엿보는 기회주의자였네
옆구리에 성경을 끼고
교회를 오갈 뿐인
매번 건성이어서 영혼의 양식이라고는
한 톨도 구하지 못하는 빈손이었지

기도를 하거나
말씀을 읽어야 할 시간에
헛되거나 나쁜 생각으로 죄짓기 일쑤였고
찬송가를
듣거나 불러야 할 시간에
유행가를 소리 높여 부르기도 하였구나

다락방 창가에 앉아
바울의 강론을 듣다가 떨어져 죽은
청년 유두고처럼 살아날 수도 없는 사람이
어쩌자고 생사의 벼랑을 타는
경계인으로 아슬아슬하게 살아왔는지

〈
나의 신앙은 언제나
비 오는 날의 하늘 빛깔이어서
천상의 그 벅찬 말씀을
한 줄도 읽어 내지를 못하였다네

생각에 대한 생각

사악한 생각을
하는 사람의 입에서는
위험한 말이 탄환처럼 튀어나와
이웃과 가족에게
회복할 수 없는 상처를 입히는 거다

사악한 생각은
쉽사리 무너지지 않는 감옥,
그것을 지은 자가
먼저 수감되어 울부짖는 거다

사악한 생각은
사악한 생각을 끌고 가는 화물열차,
죄로 가득한
컨테이너를 칸칸이 끌고
사망의 검은 터널로 진입하는 거다

좋은 생각은
좋은 생각을 불러오는 황금수레

묵상의 시간을 갖는 것은
미래의
하늘나라 영광에 당도하기 위한
네 개의
수레바퀴를 만드는 시간인 거다

말씀의 은혜

마음으로 미워하는 것도
살인이라 하여
누구를 미워하다가도
꾹- 참아 봅니다

그래도 미우면
알곡과
가라지의 비유를
떠올리며
하나님 몫으로 돌립니다

추수 때는
그 나쁜 인간을
꼭 기억해 주세요!

이러고 나면
슬그머니
웃음이 나오기도 하니

하나님의 말씀은
위로가 분명합니다

비운다는 것

소박한 질그릇처럼
마음을 비워
세상의 어떤 과일보다
향기로운
하나님의 말씀을
풍성하게 담고 싶다

나그네처럼 찾아오는
천사를 졸라
하늘나라의 비밀을 듣고 싶어
의자 한 개를
가난한 마음에 들이고 싶다

착하고 아름다운 말과 찬송이
내게서 흘러나왔으면 싶어
한 송이 두 송이
예수님 향기를 꽂을 수 있는
꽃병이고 싶다
〈

작은 호수가
온 산,
온 하늘을 품을 수 있는 것은
스스로를 비워
물거울을 가졌기에 가능한 것처럼

사모하는 하늘나라를
온전히 들일 수 있게
부정한 생각을 비우고
맑은 심령으로 나를 채우고 싶다

복을 구하는 자들

복이 무엇인지도
모르는 사람들이
복을 달라며 하나님께 조릅니다

복주머니를 주렁주렁
매달고도 자신은
손톱만큼의 복도 없다고 말합니다

손에 쥐어줘도
복을 알아보지 못하는,
아무리 말해줘도 복이
무엇인지를 모르는 사람들이

복을 찾겠다고
어둠과
눈보라 속을 헤매고 다닙니다

하나님 말씀 안에다
둥지를 짓고 사는

하루하루가 기적이면서
복 중의
복임을 깨닫지 못하는 것입니다

염치없는 기도

여호와께선
능치 못할 일이 없으시다는
참으로
든든하고 믿음직스러운
말씀만 믿고
너무 많은 요구를 했던 거다

참으로 인자하시고
사랑이 많다 하시니
주여 원하시거든,
주의 뜻대로 하옵소서
하는
최소한의 예의도 없이
어린아이가 떼를 쓰듯이
일방적으로
달라는 기도만 했던 거다

병아리 한 마리가 태어날 때도
새끼와 어미가

안팎에서 마주 쪼아야 한다는데

최소한의 겸손도 없는
나의 기도를
여호와께서 어찌 들으시고
이 단단한 죄의 껍질을
마주 쪼아 주실까

이런 아이러니

가상 인물에게 이름을 지어주며
창조주 흉내를 내는 재미에
푹 빠져서 기고만장했던
나는 창작을 하면서도
그 재능이
어디로부터 왔는지를 몰랐다

하나님의 공로를 가로채
세상으로부터 받은 상패와
한 줄 문장을 내세우는
형편 무인지경의
작자 주제에 작가랍시고
어깨 으쓱거린 날이 분명히 있다

여호와를 만나려면 올라야 할
계단이 까마득하다고 여긴 것도 같다
골짜기에 갇힌 몸으로
천리 밖을 보려 했으니
이런 아이러니가 어디에 있을까

〈
산다는 것은 잠시
하늘 심판이 유예된 것에 불과한 것을
순종도, 회개도 모르면서
우매하게 시간을 보낸 거였다

운전대를 성령님께

자동차도 기름이 있어야
원하는 곳으로 가는 것처럼
한 사람이 천국까지 가려면
하나님 주유소에서
믿음을 풀 탱크로 채워야 합니다
그래도 까딱하면
시행착오를 겪는 것이 인생이어서
짙은 안개로
미래가 불투명하기도 하고
밤길 전조등 고장으로
한 치 앞을 볼 수 없을 때가 있습니다
속삭이는 사탄의 말을
믿고 달리다가
엉뚱한 곳에서 헤맬 때도 있습니다
버려진 못 하나에
펑크 나는 낡은 바퀴처럼
난감한 일을 당하기도 하고
그러니 운전대를
성령님께 맡기는 것이 좋겠습니다

내비게이션 오작동이나
어떠한 시행착오도 없이
목적지인 천국까지
안전 운행으로 데려다주실 테니까요

하나님의 하사품

그리스도인이라면
하나님의 빛나는 하사품인
카이로스 시계를
자랑스럽게 차야 한다

농구나 핸드볼 경기처럼
하나님을 위해 몸과 마음이
뛰는 시간만을 기록하는
카이로스 시계를 차는 사람은
삶의
종료 휘슬이 울리기까지
하나님을 위해 뛰어야 한다

사단이 슬쩍 건네는
크로노스
짝퉁시계에 현혹되면
가짜 시간에 평생 헐떡인다

대통령 취임식 기념시계 따위를

자랑삼지 말고
카이로스 시계를
자랑으로 여겨야 하는 까닭이다

3부

가시덤불 속을 드나드는 조그만 새

존재만으로

아버지가 안 계시면
어느 곳을
집이라고
내가
돌아가겠습니까

존재해
계시는 것만으로
아버지는
나에게
희망이자 구원이십니다

가시나무 세상을 사는 법

가시덤불을 드나드는
조그만 새를 본 적 있다
길고 날카로운
가시의 고통을 감당하면서도
그곳에 둥지를 튼 것은
천적으로부터 새끼 보호하기가
그만큼 안전하기 때문이다
그런 믿음으로
새의 소망인 알을 낳고
새끼를 길러, 새 생명을
데리고 훨훨 날아가는 거라고,

눈만 뜨면 가시덤불인
세상 죄악 속으로 드나드는
사람도 그와 같으면 좋겠다
비록 험한 세월이지만
우리에게는 믿음의 둥지인
교회가 있으니
생명이신 하나님 말씀을 품고

가시를 견디다 보면
천국까지 훨훨 날아오르는
영원한
날개를 가질 수 있는 것이다

휘장은 찢어지고

십자가에 달려 있던
예수의 괴로움이 절정에 달할 때입니다
절망으로 세상이 온통 먹빛일 때
성소의 휘장 한가운데가 찢어져 내립니다

하늘과 땅이 만나던
그곳은 하나님의 거처

금단 구역의 경계를
단번에 무너뜨린 예수입니다
자신의 피로
우리의 죄를 대신 갚아주신 덕분에
우리는 마음 놓고 성전을 드나듭니다

더는
대제사장의 방울소리가 쩔렁거리지 않는,
대속의 피를 뿌리지 않아도 되는
지성소에 들어가 우리는 긍휼하고
자비가 넘치는 아버지를 만납니다

〈
두드리면
두드릴 때마다 문을 열어 주시는
떡을 달라 하면 매번 떡을 주시는

필수 안경

하나님의
말씀으로 만들어진
안경을 날마다 써야겠습니다

히브리인들이 썼던,
예수와
그의 제자들이 썼던,
숱한 기독교도들이
오늘도 쓰고
내일도 쓸
지혜의 안경으로
세상을 꼼꼼하게 읽고 싶습니다

어떤 어려움도
답안을 척척 찾아주는
말씀의 안경은
현미경이기도 해서
티끌 같거나
먼지 같은 죄를

무한 확대할 때에는
내가
매우 무참하겠나이다

말씀은 또한
망원경이기도 해서
천국과 지옥의 갈림길이
밤과 낮처럼
선명하게 드러날 터이니
죄의 삯이
사망임을 알고 있는
나는
두려워 회개하겠나이다

생애 최고의 순간

마지막에 예수를 믿은
십자가
오른쪽 강도를 비웃던
왼쪽 강도의
생각이 이랬을 테다

서른세 해,
랍비 소리를 들으며
한 시대
그럴듯하게 사기를 치던
가짜 왕이 저와 함께
십자가에서 죽는구나 하는,

세상엔
두 부류의 사람이 있다

목숨이 있는 동안
구원을 얻는 자와
그 기회를

허망하게 날리는 자

그것이 언제든
예수의 구원을 확신하는
때가
생애 최고의 순간이다

오만과 편견을 견딜 때의 기도문

나는 기꺼이 당신의 개가 되겠습니다
부스러기 은혜라도 얻을 수 있다면
귀신 들린 딸을 위해
유대인의 모욕과 수치를 견디던
가나안의 이방 여인에게 배우겠습니다
식탁 아래 다소곳이 앉아
간절한 눈빛으로
당신의 말씀을 기다리게 하소서
떨어지는 말씀마다
의심, 조금도 하지 않고
덥석 물고 나만의 골방으로 가
믿음으로 먹고 핥는 개가 되고 싶습니다
그러니
당신께서는 저의 주인이 되어 주십시오
순종의 반려견으로
당신의 사랑 안에서 평생 살고 싶습니다
온갖 유혹이 다정하게 손짓해도
주인님이 아닌 목소리에는
한순간도 현혹되지 않게 하소서

내 영혼을 넘보는 도둑을 지키며
울부짖는 소리마저도
그대로 찬양이 되고 기도가 되게 하소서

말씀은 흘러야

365일
물이 고여 있는
저수지의 둑을
누군가 터주지 않는다면

물은 목마른
한 포기 벼의
발목조차 적셔줄 수가 없다

타들어 가는 농작물
그 어느 것에도
닿을 수 없는 물은
다만
하루가 다르게 썩어 갈 뿐이다

하나님의 말씀을 품은
우리는 고여 있는
저수지가 되어서는 안 된다
〈

전도의 말씀은 둑을 넘쳐
세상
구석구석까지 흘러 들어가
죽을 것처럼
목마른 영혼에게
닿는 물이어야 마땅하다

이따금 하는 질문

내 신앙의 계절은
여전히 춥고 비탈진 응달에 머뭅니다
"나는 부활이요 생명이니
나를 믿는 사람은 죽어도 살겠고
살아서 나를 믿는 사람은 영원히 죽지 않을 것이다
네가 이것을 믿느냐" 하시는데
하루는 믿고
하루는 의심하는 내 믿음은
어쩌자고 장맛비에 떠내려가는 징검돌 같은지요
매일 먹는 영양제는 신뢰하면서
믿기만 하면 영원히 산다는
예수 부활을 믿는 일은 왜 이리 힘든지요
"보지 않고도 믿는 사람은 복이 있다"***
하셨거늘,
도마처럼 의심하며
예수님의 손바닥을 흘끔대기만 하는지요
내 무덤 입구를 가리고 있는
무거운 의심의 돌을
선뜻 치우지 못하고

어쩌자고
죽은 목숨으로 관 속에 누워만 있는지요

* 요한복음 11:25-26
** 요한복음 20:29

무심보다 의심

살려 주는 영을 가졌다는
예수의 소문을 듣고도 무심했다
그럴 바에야
철저하게 그를 의심했어야 옳다

정말인가 보자,
성경 구석구석을 누비며
그의 일거수일투족을
훔쳐보기라도 했어야 옳다

자신을 팔 것을 빤히 알면서
가룟 유다의 발을 씻겨주던,
만찬 후 겟세마네 동산에서
외롭게 홀로 기도하던,
"주여 저들의 죄를 용서하여 주소서"
십자가의 고통 가운데서도 절규하던
최후의 아담!

그는 누구도 흉내 내지 못할

사랑의 끝판 왕이었다
미행이라도 좋으니 예수 뒤를
진즉 캤더라면 그를 흠모하여
태연하거나
무심할 수는 결코 없었을 테다

그를 좇는 일이라면
스토커라도 되었어야 마땅할
나는 나를
영원한 죽음으로 내몰고 있었던 거다

* 누가복음 23:34

혈과 육을 넘어서 가자

나의 자아는 매우 단단하여
쉽게 깨질 리 만무하다
어두울수록 빛나는 금강석과 같아
죄악 가운데 눈빛 반짝거리며
이기적이기 짝이 없다
"누구든지 네 오른편 뺨을 치거든
왼뺨도 돌려 대어라"
하시는 주님 말씀을 이해 못하는데
어떻게
자신에게 돌을 던지는 이들을 위해
기도하는 스데반이 될 수 있겠는지
그것은 수치와 모욕을 넘어야 가능한 일
예수님 사랑을 감히
흉내조차 낼 수 없는
나는 한 대 맞으면
두 대 이상으로 갚는 사람이다
'죽으면 썩을 몸'이라는 말은
자주 입에 담으면서
한 알의 밀알이 썩어 영원히

사는 비밀을 귀담아 듣지 않는다
하늘나라로 가는 기차가
역으로 막 들어오고 있는데도
나는 여전히 혈과 육의 손을 붙들고
긴긴 작별 인사를 나누고 있다

* 마태복음 5:39

귀환의 시간

아버지를 부르려는데 울음이 터집니다

문고리가 걸려 있지 않다는 걸
알면서도 선뜻 문을 못 엽니다

오랫동안
자식 소문을 추적하면서
발 구르며 눈물 훔쳤을,

달빛 없는 밤이면
등불 켜들고
멀리까지 나가기도 했을 테지요

스쳐 가는 바람에도 대문을
벌컥, 열고
멀리까지 내다보셨을

아버지를 그토록 오래
겨울 마당에서 서성이게 했으면서
당신을
또 기다리게 하고 있습니다

민들레씨

나의 신앙이
헛된 소망으로 날아가는
민들레 씨앗일까 겁이 난다

악마가 입김을
훅-
불어넣는 순간
정처 없이 날아가면 어쩌나

아스팔트에 떨어져
뿌리조차 내리지 못하고
말라죽으면 어쩌나

시멘트
틈과 틈 사이에 떨어진
민들레씨가 되더라도
나의 신앙이 한층
간절해지면 좋겠다

천국을 넘보는 사람들

가난하고 우울한 세상 마을이다
봄이 와도 허기가 물러가지 않는다
양지에 있으면서도 웅크린
어른들의 얼굴에는 수심의 그림자가 짙다

궁궐에선
아름다운 음악과 웃음소리가 흘러나온다
그제야 궁둥이를 턴 어른들은
궁궐 담장을 기웃거리거나 나뭇가지에 매달리는데,
무엇을 보았는지
백동전처럼 눈이 휘둥그레진다

궁궐 주인의 인자한 음성이 들려온다
대문 열려 있으니 언제든지 들어오라는,
자석에 끌리듯이 안으로 들어갔던
사람 몇은 싱글벙글하면서 나오는데
나는 선뜻,
발 들이지 못하고 대문 앞에서 주춤거린다
〈

천국이 앞에 있어도
천국을 보지 못하는 나를
밀치고 우르르 몰려 들어간 아이들이
천진난만한 얼굴로 떡을 들고 나온다

마음의 나침반

허리케인은 밤사이에
할 수 있는 짓은 다 하고 간다
인간들이 사는 집을
장난감 블록처럼 부숴 놓고
마적 떼처럼 소란스럽게 가 버린다
이럴 때
하나님 목소리를 듣는다면
어떤 말씀으로 위로를 주실까
세상 집들은
하나같이 임시 장막이니
하늘나라에
영원한 주택을 지어라 하실 테지
이곳은 잠시 스쳐가는 여행지
방향만큼은 잃으면 안 되는 거다
하나님나라로 향하는
마음의 나침반을 수시로 들여다보며
빗나가도
너무 멀리 나가지 않게
확인, 또 확인해야겠다

생명이 온다는 것
- 생일 축시

하나의
생명이 온다는 것은
소우주가 온다는 것!

당신은 당신만을 위한
해와 달
무수한 별을 데리고 왔습니다

철철이 피는 꽃과
아름다운 새들,
수많은 동식물을 데리고 왔습니다
사랑을 듬뿍 가지고 왔습니다

이처럼 귀한 사람을
지구별로 보내 주셔서
인연을 삼게 하신
하나님 아버지 고맙습니다

4부

좁디좁은 무덤 속에서 무한한 자유를

할 말 없음

사는 일이 참으로 외롭구나,
생각하다가

아무리 외롭다고
십자가에 매달린
예수만이야 하겠나 싶고,

아무리 고통스럽다고
십자가에서 피 흘리던
예수 고통에 비하겠나 싶고,

아무리 절망스럽다고
십자가를 피할 수 없던
예수의 절망만큼이야
하겠나, 싶은 것이었습니다

안개 주의보

안개 낀 날은 자칫
악마의 디데이가 되기 쉽습니다

까딱하면
범죄 발생하기 쉬운
미혹의 길로 빠지기 쉬운,

영혼과
인생길에 꽉 들어찬
농무濃霧도 마찬가지겠습니다

벌거벗은 마음의
수치를 가리기에는 좋겠으나
십자가도
교회당도 보이지 않는,

독사의 머리를
밟는 줄도 모르겠고,
누군가가 옆구리를 찔러도

그자를 알 수 없고,

한 발만 내디디면
지옥인
절벽을 향해 아슬아슬하게
다가가면서도
발끝조차 볼 수 없으니

말씀도 기도도 없는 세월

죽은 목숨을
산목숨이라 여기며 살았다
존재의 원천이신
하나님 말씀을 듣지 않으면
산소 없는 공기를 마시는 것과 같은 것을,

빼앗아 간 언약궤가 모든 승리를
가져다줄 것으로 믿었던 블레셋 사람들처럼
부만 축적하면
세상 전부를 가질 줄로 여겼다

"율법을 듣지 않고 귀를 돌리는 사람은
그 기도조차 가증스럽다"
하셨거늘, 말씀은커녕
거짓된 입술로 중언부언
무릎을 꿇던 기도는
기도가 아니었음을 간신히 깨닫는다

하나님과 소통하지 않으면

살아 있어도 캄캄하게 죽은 영혼인 것을
나는 내가 구원될 거라 막연하게 생각했다
죽은 포도나무에
물이 오르기를 바라는 것과 같은 줄도 모르고

블레셋 사람들과 싸우는 동안
여호와께 부르짖던 사무엘의 기도처럼
악한 세상 유혹과 싸워 이기게 해 달라고
나는 나를 위해 간절히 기도하고 싶다

* 잠언 28:9

사람을 낚는 어부

사람을 낚는 요즘 어부는
아이돌,
스포츠 스타 외에
각종 인기인이 되겠지요

와글거리는 사람으로
금세 그득한 것이
세상 그물이지만
성글기 짝이 없어서
한순간에
물거품처럼 인기가 빠져나갑니다

그러니
그런 어부가 되려 하지 말고,
그런 어부에게 낚이지도 말고,

예수님을 따라야겠습니다
죄의 비린내에 찌든
세월을 툴툴 털어버리고

말씀의 그물을
어깨에 걸고 세상으로 나가
사람 낚는 어부가 되어야겠습니다

나는 무지한 자

죄를 지은 아담이
무화과 잎으로 수치를 가렸다지

하나님께서 부르는데
얼굴 들고
차마 나설 수가 없었다지

최소한 이런 양심이라도
있어야 하는데

하나님께서
부르거나 말거나

나는 벌거벗고
광녀처럼
깔깔거리며 돌아다녔구나

죄를 아는 것이
커다란 축복임도
이제야 간신히 깨닫고

시름에 빠진 어부

주여,
말씀의 투망을
던질 곳을 몰라
주님을 따르는
어부들이
시름에 젖는 날이 있겠습니까?

그런 날엔
성령 보혜사를
그들에게 보내시어
주님을 증거하게 하소서

마라토너가 되어

하나님의 자녀인 우리도 마라토너다

평탄한 길만 있는 것이 아니어서
때로는 언덕에서 숨이 차고
갈급함에 목도 마르지만
하나님께서 꽂아 주신
보이지 않는 약속의 깃발을 믿고 달려야 한다

반환점도 없는 마라톤이어서
과거를 돌아보기는 하되
그 시간에 발목 잡히지는 말아야 한다

오물 널린 길목에서 울던 기억이나
어둠 짙은 골목에서 분노한 기억도 있을 테지만,
발 동동 구를 만큼 안타깝거나
얼굴 가릴 만큼 부끄러운 시간도 있을 테지만,

자괴감에 포박당하지 말고
영광의 월계관이 기다리는 미래까지 달려야 한다

〈
형형색색으로 화려하던 꽃밭이거나
박수갈채를 받던
세상 자랑 따위는 뒤로 하고서 의연하게 뛰는 거다

어딘가에서 꼿꼿하게 기다리고 있을
하나님이 세워 주신 깃발을 믿음으로 믿으면서
긴긴 외길 코스를 달려가
우리의 승전보를 반드시 들어야 한다

혼돈의 21세기

가로등도 없이
캄캄한
처처에 위험과
음습함이 도사린,

광란의 밤도
파티도
끝날 기미가
도무지 보이지 않는,

21세기의
혼돈이
계속되는 나날입니다

등을 겨누며
따라오는 죽음,

우리가 피할 곳은
하나님밖에 없습니다

〈
어떤 사탄도
범접 못하는 안전지대

아버지께서는
한밤중에도
새벽녘에도
귀와 문을
활짝 열어두고 계십니다

꽃밭과 전도

교회를 작고 아담한 꽃밭이라 불러보겠습니다

겸손하게 몸 낮추고 사는
고만고만한
봉숭아, 채송화 꽃들을 성도라고 불러보겠습니다

말씀의 바람이 풍성한 식탁에 둘러앉아
넘치는 사랑의 밥과 꿀처럼 달콤한
은혜의 빗물을 마시는 꽃들이 되는 것입니다

감사함으로 꽃들의 씨방은 점점 탱탱해질 테지요
그러다 한껏 충만해지면
탁!
사방으로 씨앗이 퍼져 나가는 것입니다

더러는 자갈밭
더러는 돌담 사이로 떨어지는 씨앗도 있겠지만
눈빛 반짝반짝 빛내는
그 작은,

씨앗마다 들어 있는 것은 영원히 죽지 않는 생명입니다

씨방 하나 터지는 일이
언뜻 사소해 보이나
하나님께서 일으키는 대폭발의 화산이지요

채송화와 봉숭아도
모이면 세상에서 가장 아름다운 꽃밭이 됩니다

이렇듯이 전도는
꽃동산은 물론
천국까지 우리들을 위한 꽃길을 만드는 일입니다

마지막 기차

일찌감치 승차한 승객이나
떠나기 직전에 기차에 매달린 승객이나
타기만 하면
무사히 목적지까지 갈 테지만
기차를 놓치면 낭패인 거다
표를 끊었다고 마음 놓고 있다가
기차를 놓치면 무슨 소용일까
탔다가도 볼일이 생각나 잠깐
내렸을 때 기차가 떠나면 어쩔 텐가
그것이 일생에 마지막인
천국행 기차라면 어쩔 텐가
기관사 예수는 빈 객석을 보며
초조해서 시계를 보고 또 볼 테지
이때의 마음은 얼마나 간절할까
천국행 기차를 아직까지도
타지 않은 승객 있다면
뛰어가서라도 승차해야 한다
그러면 빈자리를 보며 한숨짓던
기관사 예수는

기적소리 유쾌하게 울리며 출발할 거다
기차도 기쁨으로
들썩거리며 레일을 달릴 거다

나는 이제야 뒤를 보네

입술에서
멀찌감치 떨어져 있는
파수꾼을
가까이 불러야 할 때입니다

그리하여
함부로 휘두르던
녹슨 혀를
지키게 할 때입니다

두 귀를
단단히 틀어막고 있던
아집의 마개를
시원하게 뽑아야 할 때입니다

자칫하면 사물을
오해하고 곡해하던
색안경을 벗고
돋보기 너머로

느긋하게
세상을 바라볼 때입니다

허비하고 탕진하고

나는 주님께 받은
그 많은 달란트를 멋대로 썼습니다

악하고 게으르고 무익한 종처럼
땅에 묻기라도 했으면
그대로 있기라도 할 텐데
감사함을 모르고 쉽게 허비했지요

그것으로 욕망을 채우고
명예를 사서 허세를 부리면서도
부끄러움조차 몰랐습니다

모래바람 부는
세상 사막으로 내몰리거나
절벽으로 떠밀린다고 여겼던 삶
내게 주어진 복은
어찌하여 이것뿐인가 하고
아버지를 원망하고
불평불만으로 시간을 탕진했습니다

〈
어느새 날은 어둑어둑해지고
머잖아 신랑님이 오신다는데
텅 빈 손에는 등도 기름도 없어
마냥 초조하고 난감할 따름입니다

심각한 질문

나는 화려한 광고에
시각을 빼앗기고
몸 끄덕이게 하는
음악에 영혼을 빼앗기며 산다

휴대전화에 코를 박거나
텔레비전 아니면
쓸데없는 일에
시간을 탕진하며 산다

성경은 언제 읽고
말씀은 언제 들을래?
기도할 시간이 있기나 하고?
묵상은 또 언제 할 건데?

잠시도
가만히 있지 못하는
나에게
심각하게 묻고 있다

마음의 땅

함부로 버려둔
마음 밭에는
가시덩굴과 엉겅퀴가 무성하고
칡넝쿨이
뱀처럼 똬리를 틀었네요

한 줌의
소출조차 낼 수 없는
황폐해진 내 마음 밭을
둘러보실 하나님!

그날에
실망하실 것을 생각하면
심히
부끄럽고 두렵습니다

무덤에서의 고백

무덤에 누워
내 죽음에
골똘한 시간을 가져 봅니다

무엇이 그리 바빴을까요?

찰나에 지나가는 것이
인생인 것을
금싸라기 같은 시간을
사막의 모래처럼 탕진했습니다

혹시,
뜻밖에라도
예수를 만날까 봐
십자가를 멀리 돌아서 다녔습니다
예수와 친해지면
이것저것
제약받는 것이 많아
불편해지기 싫었습니다

〈
사탄 마귀와
한편을 먹으며
독사의 자식처럼
마음 놓고 죄를 지었지요

진흙 바닥을
구르는 낙엽처럼 초라하고
굼벵이보다도 하찮은
나를
구원해 주신 예수,

당신의 십자가로 인해
나는
좁디좁은 무덤 속에서
무한한 자유를 얻었나이다

내 죽음이 비로소 편안하겠나이다

❀작가의 해설

이제야 찾아온 카이로스 시간

한혜영

　누구의 인생이든 궁극적으로 도달하는 곳은 죽음입니다. 길든 짧든 그곳에 이르기까지 시간의 지배를 받습니다. 갓난아기가 청년이 되고 중년을 거쳐 노인이 되기까지 연대기적 크로노스 시간이 있지만 그전에 얼마든지 소멸될 수 있는 것이 인간입니다. 어디서 와서 어디로 가는지도 모르고 태어났으니 살아가는 것이고, 생로병사라 했으니 죽을 때 되어 죽는 것뿐이라고 생각하는 사람은 얼마든지 많습니다. 그런 사람에게 영생이나 천국의 소망이 있을 리 만무하지만, 기독교는 다릅니다. 천지를 창조한 분이 하나님이라는 것, 하나님의 형상을 본떠서 인간을 만드셨다는 거. 이러한 존재감과 소속감을 확실하게 제시하면서 영생과 구원을 약속하는 종교이기 때문입니다.

    혹시,

    뜻밖에라도

    예수를 만날까 봐

    십자가를 멀리 돌아서 다녔습니다

    예수와 친해지면

    이것저것

    제약받는 것이 많아

    불편해지기 싫었습니다

    사탄 마귀와

    한편을 먹으며

    독사의 자식처럼

    마음 놓고 죄를 지었지요

                          - 「무덤에서의 고백」 부분

하나님 아버지와 자녀라는 긴밀한 관계는 복잡한 듯해도 아주 심플합니다. 어린애처럼 순진무구하게 믿으라는 것을 믿으면 구원이 됩니다. 그런데도 나는 예수의 출생부터 시작해서 그의 십자가와 부활과 삼위일체를 믿기가 쉽지 않았습니다. 현장에서 목격한 제자들도 의심을 하는데 나는 현장을 본 적이 없으니까요. 하지만 그것은 한낱 핑계였습니다. 예수를 믿는 순간부터 삶이 피곤해질 것 같아 싫었던 거지요. "뜻밖에라도/예수를 만날까 봐/십자가를 멀리 돌아서 다녔"고 "예수와 친해지면/이것저것/제약받는 것이 많아/불편해지기 싫었"다는 것이 솔직한 고백입니다.

> 하나님을 알지 못했을 때
> 내 시간은 크로노스여서
> 대부분을 시냇물처럼 흘려보냈다
> 어디에 닿을지 모르는 생각과
> 의미 없는 나날을
> 종이배처럼 띄워 보냈다
>
> 하늘의 시간과 땅의 시간이
> 만나는 접점이 십자가라면
> 하나님의 시간과 나의 시간이

만나는 순간은 구원의 시점이다

그런데도 카이로스 시계를

차지 않으려 온갖 핑계를 댔다

스포츠 시간처럼 통제 받는

생각과 행동의 제약을 숨막혀 하며

자유가 아닌 방종을 즐겼다

내 시간은 타락한 천사였다

더러워진 날개로

지옥 같은 세상 구석구석을

넘나들며 킬킬거린 거다

-「두 가지 시간」 부분

　내 인생의 대부분은 "시냇물처럼 흘려보"낸 의미 없는 크로노스 시간이었습니다. 하나님께 묻기보다는 무엇이든 내 의지대로 했습니다. "스포츠 시간처럼 통제 받는/생각과 행동의 제약을 숨막혀 하며/자유가 아닌 방종을 즐겼"지요. 타락한 시간으로 넘나들면서 어둠의 자식처럼 악마와 함께 킬킬거렸고 하나님으로부터 점점 멀어졌습니다. 하나님 아버지가 좋아하시는 것보다 싫어하시는 생각과 행동이 더 많았습니다. 묵상과 기도생활에는 게을렀고 은혜에 감사하기보다는 불평불만이 많았고 무엇보다 교만했음을 고백하지 않을 수 없습니다.

> 가상 인물에게 이름을 지어주며
>
> 창조주 흉내를 내는 재미에
>
> 푹 빠져서 기고만장했던
>
> 나는 창작을 하면서도
>
> 그 재능이
>
> 어디로부터 왔는지를 몰랐다
>
> 하나님의 공로를 가로채
>
> 세상으로부터 받은 상패와
>
> 한 줄 문장을 내세우는
>
> 형편 무인지경의
>
> 작자 주제에 작가랍시고
>
> 어깨 으쓱거린 날이 분명히 있다
>
>   - 「이런 아이러니」 부분

장르를 넘나들며 이런저런 상을 받았습니다. 출간한 책도 이번이 24권째입니다. 하나님의 개입 없이는 어떤 것도 이루어질 수 없음에도 전부가 내 능력인 줄 알았지요. 그런데 책이 늘어갈수록 책임 의식이랄까 부채 의식 같은 것이 존재했습니다. 하나님께서 내게 글 쓰는 재능을 주셨을 때는 세상 이야기만 쓰라고 주신 것은 아닐 텐데 하는 의구심이 자주 들었지요. 그러다 지난 연말에 문득 새해부터는 일주일에 한 편씩 신앙시를 쓰자 싶었습니다. 설교말씀을 듣고 쓰면 최소한 일 년에 52편은 쓰지 않겠나 싶었지요.

그렇게 시작한 신앙시는 내게 많은 변화를 가져다주었습니다. 첫째로 설교시간에 졸 틈이 없어졌고요. 말씀 한마디를 놓치지 않으려고 애를 쓰다 보니 한 시간이 순식간에 지나갔습니다. 집에 와서도 은혜의 시간이 지속되었습니다. 설교말씀을 다시 듣거나 인용한 성경 말씀을 찾아서 읽다 보면 저절로 성경공부가 되었습니다. 시를 쓰거나 퇴고하면서도 은혜가 되어 매주 한 편이 아니라 두세 편을 쓰기도 했습니다. 무엇보다 하나님과의 약속을 지켜서 좋았고 아버지의 은혜와 죄인임을 깨달아 가는 시간이어서 좋았습니다. 이 역시 내 의

지로 된 것은 아니겠지만요.

    십자가의 예수께서

    숨 거두시던,

    지성소 휘장이 찢어지던

    그날 시각에

    당신도 죽고 나도 죽었습니다

    세상의

    해와

    달과

    별들이 모두 죽었습니다

    강과

    바다가 넘쳐났으며

    산맥이 무너져 내렸고

    암석이 굴러 내렸지요

    죄에

    익사 중이거나

죄에

압사당해서 죽을 수밖에 없는,

살아있어도

살아있는 생명이 아니었던

당신과 내가

예수 부활로 살아났습니다

-「종말과 시작」 전문

  예수님의 입장으로 돌아가 십자가를 생각해 보는 시간을 진지하게 가졌습니다. 인간적인 고뇌와 번민, 두려움을 헤아려보면 기가 막혔습니다. 나는 주삿바늘만 봐도 겁이 나는데 예수께서는 자신을 기다리고 있는 십자가가 얼마나 끔찍하고 두려웠을까요. 더구나 지은 죄도 없이 인류의 죄를 대속하는 죽음이니 얼마나 억울했을까요. 예수님의 그런 희생이 없었으면 나는 분명 "죄에/익사 중이거나/죄에/압사당해서 죽을 수밖에 없는" 목숨이었습니다. "살아있어도/살아있는 생명이 아니었던" 내가 감사는커녕, 회개할 줄도 몰랐다는 사실이 매우 부끄러웠습니다. 죄인 중에 죄인이면서 욕망을 쫓아가기 급급한 제 모습을 본 것이었지요.

    교회당 종소리를
    달아오른 양철지붕 위에서 듣습니다

    내려오라는 사람도 없고
    내려갈 생각도 없이,
    뜨거워진 발바닥을
    교대로 들어 올리며
    까딱 잘못 디디면
    실족할 곳에 아슬아슬 머물고 있습니다

    높은 곳에 대한 욕망 때문에
    달아오른 양철지붕 위로 올라가
    발바닥 데어본 자는 알 테지요
    신경 전부가
    발바닥으로 몰려가서
    먼 곳은커녕 예배당 꼭대기
    십자가조차 올려다볼 여유가 없다는 것,

〈

그런데도 나는

어쩌자고 높은 곳을 포기 못하고

모순의 시간을 버티는 것일까요

불화살처럼 내리꽂히는

땡볕을 온몸으로 받으면서

            -「양철지붕 위의 욕망」 전문

　제목을 보면 우리에게 널리 알려진 '뜨거운 양철지붕 위에 고양이'가 떠오를 테지만, 달아오른 양철지붕 위에 나라는 인간을 올려 보았습니다. 높은 곳으로 올라가면 한눈에 시원하게 사방이 보일 거라고 생각했는데 양철지붕이 지나치게 뜨겁네요. 그 멋진 경치를 보기는커녕 고개를 들어 십자가를 바라볼 여유조차 없습니다. 마치 원숭이가 북소리에 맞춰 훈련을 받는 것처럼 "뜨거워진 발바닥을/교대로 들어 올리며/까딱, 잘못 디디면/실족할 곳에 아슬아슬 머물고 있"습니다.

　믿음을 가진 자는 스스로 견제하고 자제해야 마땅한 욕망, 언제나 낮은 곳에 임하셨던 예수님을 닮아야

함에도 "어쩌자고 나는/높은 곳을 포기하지 못하고/모순의 시간을 버티는 것"이냐며 스스로를 질책하네요. "불화살처럼 내리꽂히는/땡볕을 온몸으로 받으면서" 버티고 있으니 욕망의 지붕으로부터 속히 내려와야겠습니다.

    예수께서

    십자가에서

    숨을 거두는 순간

    세상 시계는

    리셋되었습니다

    예수의

    목숨 값으로 받은

    그 소중한 시계를

    심장에 간직하고도

    형편없는

    삶을 기록했던

나는

이제

하나님의 시간으로

리셋할 것입니다

-「삶의 리셋」 전문

　어느 틈에 내 인생의 해가 많이 기울었습니다. 쓸쓸한 눈으로 황혼을 바라보다가, 하나님의 관점에서 나를 들여다봤습니다. 참으로 부끄럽고 보잘것없는 한 여인이 고개를 숙이고 있었습니다. 진정한 자유는 모든 것을 하나님께 맡길 때에 주어진다는 것도 모르고 방종을 일삼아 왔다니요. 태생부터 죄인이었던, 죽을 수밖에 없는 생명을 구해주신 예수 그리스도를 생각하면 정말 그러면 안 되는 것이었습니다.

　나는 이제 크로노스 시간을 카이로스 시간으로 바꾸고자 합니다. 양철지붕 위를 기어오르던 욕망의 발목을 스스로 낚아챌 것입니다. 욕망을 내려놓을 때 오히려 멀리 볼 수 있는 혜안이 생긴다는 것을 믿으며 한층 홀가분한 마음으로 '삶의 리셋'을 선언했습니다. "예수의/목숨 값으로 받은/그 소중한 시계를/심장에 간직하고도/형편없는/삶을 기록했"던, 이런 탕자에게도 돌아갈 집이 있으니 얼마나 다행인지요. 아버지, 거기 계셔 주셔서 너무너무 고맙다는 인사가 절로 나옵니다. 존재 자체만으로 아버지는 나에게 희망이고 구원이시니까요.

한 권의 신앙고백시집을 쓸 수 있게 해 주신 하나님 아버지께 감사드립니다. 매주 귀한 설교말씀과 함께 시를 읽어 주셨던 김휘명 담임 목사님과 문우 황복실 권사님의 응원 고맙습니다. 덕분에 더욱 은혜로운 시간을 가질 수 있었으며 여기까지 힘든 줄 모르고 달려왔습니다. 이제부터는 리셋된 시간으로 새 삶을 살겠습니다. 인간 본성에 휘둘릴 때마다 그 일을 주께 맡기며 카이로스 시간을 살겠다는 각오를 다져 봅니다.

상상인 기획특집

하루
하루는 믿고
의심하는

지은이 한혜영
초판 1쇄 발행 2025년 10월 30일 초판 2쇄 발행 2025년 12월 1일
펴낸곳 도서출판 상상인 편집주간 황정산 펴낸이 진혜진
표지디자인 최혜원 기획·마케팅 전은빈 최유림 노혜림 정현수
책임교정 길상화 편집 세종PNP
등록번호 제572-96-00959호 등록일자 2019년 6월 25일
주소 06621 서울시 서초구 서초대로74길 29, 904호
전화번호 02-747-1367, 010-7371-1871
팩스 02-747-1877 전자우편 ssaangin@hanmail.net

ISBN 979-11-7490-022-7 (03810)

값 12,000원

* 이 책은 전부 또는 일부 내용을 재사용하려면 반드시 저작권자와 도서출판 상상인의 동의를 받아야 합니다.

* 이 도서의 국립중앙도서관 출판시도서목록(CIP)은 서지정보유통지원시스템 홈페이지(http://seoji.nl.go.kr)와 국가자료공동목록시스템(http://www.nl.go.kr/kolisnet)에서 이용하실 수 있습니다.